KUHARICA O PIVSKI INFUZIJI

IZBOLJŠAJTE SVOJE
KULINARIČNE STVARITVE Z
OKUSI CRAFT PIVA

Martina Furlan

**Vse pravice pridržane.
Zavrnitev odgovornosti**

Informacije, ki jih vsebuje i, naj bi služile kot obsežna zbirka strategij, o katerih je raziskal avtor te e-knjige. Povzetki, strategije, nasveti in triki so samo priporočila avtorja in branje te e-knjige ne zagotavlja, da bodo rezultati natančno odražali rezultate avtorja. Avtor e-knjige se je po svojih najboljših močeh trudil zagotoviti aktualne in točne informacije za bralce e-knjige. Avtor in njegovi sodelavci ne odgovarjajo za morebitne ugotovljene nenamerne napake ali pomanjkljivosti. Gradivo v e-knjigi lahko vključuje informacije tretjih oseb. Gradiva tretjih oseb vključujejo mnenja, ki so jih izrazili njihovi lastniki. Kot tak avtor e-knjige ne prevzema odgovornosti za gradivo ali mnenja tretjih oseb. Bodisi zaradi napredka interneta ali nepredvidenih sprememb v politiki podjetja in smernicah za uredniško oddajo, lahko tisto, kar je v času tega pisanja navedeno kot dejstvo, kasneje postane zastarelo ali neuporabno.

E-knjiga je avtorsko zaščitena © 2023 z vsemi pravicami pridržanimi. Nadaljnja distribucija, kopiranje ali ustvarjanje izpeljanega dela iz te e-knjige v celoti ali delno je nezakonito. Nobenega dela tega poročila ni dovoljeno reproducirati ali ponovno prenašati v kakršni koli obliki brez izrecnega pisnega in podpisanega dovoljenja avtorja.

UVOD 8

PREPAJENE JEDI 9

   1. Goveja enolončnica s korenasto zelenjavo 9
   2. Rdeči fižol Aljaškega jantarnega piva 12
   3. Dušeni prsi s pivom in čilijem 15
   4. Pivo in perece piščanec - Perdue 18
   5. Piščanec iz pivskega testa 21
   6. Ribji mladici iz pivskega testa 24
   7. Cvrtje iverke iz pivskega testa 26
   8. Pivsko testo za ocvrtega piščanca 28
   9. Pivsko testo za kozice in zelenjavo 30
  10. Ocvrt podplat iz pivskega testa 32
  11. Ocvrta zelenjava iz pivskega testa 35
  12. Piščanec z mehiškim pivom 37
  13. Morska plošča iz pivskega testa 40
  14. Ribe in krompirček v pivskem testu 43
  15. Gobe iz pivskega testa 46
  16. Krompirjeva pivska enolončnica 48
  17. Divji riž v pivu 51
  18. Pivsko testo z mehkimi oklepi 53
  19. D in N er testo piščančje trakove 55
  20. V voku ocvrt piščanec iz pivskega testa 58
  21. Svinjski kotleti v pivski teriyaki marinadi 61
  22. Jagnječji kotleti s pivom in gorčično omako 64
  23. Lignji iz pivskega testa 67
  24. V pivu dušena govedina v lončku 70
  25. Pivske pečene kozice 73
  26. Pivski čili 75
  27. Pivska salama 78
  28. Pivska poširana poljska klobasa 80
  29. Pivski riž 82
  30. Pivska krompirjeva solata 85
  31. Goveji prsi nad divjim rižem 88
  32. Raca pečena v pivu 91
  33. Mesne kroglice v pivski omaki 93

34. Pivska kozica s testeninami iz angelskih las 96
35. Nemške pivske ribe 99
36. Kozice v pivsko-žafranovem testu 102
37. Cimetova pivska juha 104
38. Som v pivu 106
39. Napijte piščanca 109
40. Korenje v pivu 111
41. Pečeni pivski burgerji 113
42. Sendviči s pečenko v pivu 115

POLNJENE JUHE IN ENOLOČNICE 117

43. Kremna juha iz piva 117
44. Pivska juha s čebulo in česnom 120
45. Pivska juha s slanino in čedarjem 123
46. Bavarska pivska čebulna juha 126
47. Belgijska enolončnica iz piva 129
48. Brokolijeva pivska sirna juha 132
49. Morska pivska juha 135
50. Biersuppe (pivska juha) in juha iz pinjenca 137

DOMAČE PIVO 139

51. Bananino pivo 139
52. Alcatraz pšenično pivo 141
53. A & W koreninsko pivo 143
54. Česnovo pivo 145
55. Kalifornijsko običajno pivo 147
56. Šest ur koreninskega piva 150
57. Pivo Maerzen 152
58. Domače pivo 155
59. Brusnično pivo 157
60. Ingverjevo pivo srčno 159
61. Hladilnik za paradižnikovo pivo 161

PIVO KOKTAJLI 163

62. Pivska margarita 163
63. Klasična Chelada 165

- 64. Michelada ... 167
- 65. Black Velvet Drink ... 169
- 66. Klasični Shandy ... 171
- 67. Grenivka Shandy ... 173
- 68. Jagodni kumarični špricer ... 175
- 69. Beergarita ... 177
- 70. Bacardi limetin šot s pivom ... 179
- 71. Fidelito ... 181
- 72. Beermosa ... 183
- 73. Sončni kotlar ... 185
- 74. Cinco ... 187

SLADICE ... 189

- 75. Pivo in kislo zelje ... 189
- 76. Pivski piškoti ... 192
- 77. Začimbna pivska torta ... 194
- 78. Pivska sirova juha s pokovko ... 197
- 79. Polnjena jabolka pečena v pivu ... 200
- 80. Cheddar & pivski sirov kolač ... 202
- 81. Britansko sadno pivo ... 205
- 82. Osnovni pivski kruh ... 208
- 83. Sirni pivski mafini ... 210
- 84. Pivski kruh iz kopra ... 213

PRIGRIZKI ... 215

- 85. Pivski oreščki ... 215
- 86. Ocvrti šparglji v pivskem testu ... 217
- 87. Pomarančni spritz piškoti ... 219
- 88. Pivske torte na žaru ... 222
- 89. Smoki v pivu in medu ... 225
- 90. Čebulni obročki iz pivskega testa ... 227

OMAKE, NAMAZI IN ZAČIMBE ... 230

- 91. Pomaka iz sira in piva ... 230
- 92. Testo za pivo Tempura ... 232
- 93. Nemška omaka za žar ... 234

94. Osnovna krpa za pivo 237
95. Pivsko testo za ribe 239
96. Pivski in edamski namaz 242
97. Pivski namaz s sirom in čilijem 245
98. Pivska ribja omaka 248
99. Pivska marinada za govedino 250
100. Mehiška pivska salsa 252

ZAKLJUČEK **255**

UVOD

Dobrodošli v "A Beer Infusion Cookbook." Na teh straneh se boste podali na okusno pustolovščino, ki združuje svet craft piva z umetnostjo kulinarične infuzije. Navdušenci nad craft pivom in ljubitelji hrane bodo odkrili zakladnico receptov, ki slavijo edinstveno globino in kompleksnost, ki jo lahko pivo prinese vašim jedem. Raziskali bomo, kako lahko različni slogi piva popestrijo okus vaših najljubših jedi, od slanih stoutov do hmeljevih IPA. Ne glede na to, ali ste izkušen kuhar ali se samo potopite v svet pivske kulinarike, se nam pridružite pri odkrivanju, kako lahko pivo povzdigne vaše kuhanje na nove višave. Torej, dvignimo kozarec in nazdravimo okusnemu potovanju, ki je pred nami!

PREPAJENE JEDI

1. Goveja enolončnica s korenasto zelenjavo

Dobitek: 6 obrokov

Sestavina

- 2 funtov Meso goveje obara
- 1 žlico suhega timijana
- 1 žlica suhega rožmarina
- ¼ skodelice rastlinskega olja
- 2 žlica masla
- 1 skodelica Čebula; olupljen in narezan na kocke
- ¼ skodelice Moka
- 12 unča Temno pivo
- 1 liter vroče goveje juhe
- ½ skodelice Zdrobljen paradižnik
- 2 čajna žlička Sol & 2 čajna žlička poper
- 1 skodelica Olupljeno in na kocke narezano korenje in zelena

- 1 skodelica Olupljena in na kocke narezana rutabaga

- 1 skodelica Olupljen in na kocke narezan pastinak

V veliki ponvi zavrite in zmanjšajte ogenj, da počasi vre. Kuhajte $\frac{3}{4}$ ure.

2. Rdeči fižol Aljaškega jantarnega piva

Dobitek: 6 obrokov

Sestavina

- 1 funt rdeči fižol; kuhano
- ½ funta šunka; narezan na kocke
- ½ funta Vroča klobasa; narezan na kocke
- 3 srednji jalapeños Čile poper
- 1 srednja čebula; narezan na kocke
- 1 žlica kreolske začimbe
- 2 steklenici piva Alaskan Amber
- ½ skodelice Zelena; narezan na kocke
- ½ skodelice Rdeča paprika; narezan na kocke

Vse sestavine razen fižola zavrite v lončku ali 3-litrski težki ponvi in kuhajte uro ali dve. Dodamo fižol in dušimo še uro ali dve.

Ne uporabljajte kreolskih začimb, narejenih s soljo. Klobasa in šunka dajeta sol, za mizo pa lahko dodamo še več.

Po želji dodajte še papriko. Postrezite z rižem. Odcedite fižol in ga ponovno napolnite z vodo, da je pokrit in dušite, dokler se ne zmehča.

3. Dušeni prsi s pivom in čilijem

Dobitek: 1 porcija

Sestavina

- 2 stroka česna; mleto
- 2 žlički mlete kumine
- ¼ čajne žličke Cimet
- ¼ skodelice Plus 1 žlica. rjavi sladkor
- 5 funtov Prsi
- 2 veliki čebuli; narežemo na kolesca
- 1 skodelica temno pivo; ali močan
- 3 žlice Paradižnikova mezga
- 1 žlica konzerviranega chipotle čilija
- 10 majhnih Rdeči krompir; razpolovite
- ½ funta Mladi korenčki

Zmešajte prve 3 sestavine temeljito. Prsi natrite z mešanico začimb, da jih pokrijete in položite na folijo.

Na meso položite rezine čebule. V skledi zmešajte naslednje 3 sestavine in preostali rjavi sladkor. Prelijemo čez meso.

Meso polijte s sokom iz ponve in pecite še eno uro.

V ponev dodamo krompir in korenje. Pečemo približno 1 do $\frac{1}{2}$ ure, nepokrito .

4. Pivo in perece piščanec - Perdue

Dobitek: 4 porcije

Sestavina

- 1 piščanec perdue, narezan na kose
- ⅓ skodelice moke
- 1 čajna žlička paprika
- 2 čajni žlički soli
- ¼ čajne žličke ingverja
- ¼ čajne žličke popra
- ½ skodelice piva
- 1 jajce
- ½ skodelice Drobno zdrobljene preste
- ¼ skodelice Nariban parmezan
- ¼ skodelice Zdrobljeni koščki slanine
- 1 žlica posušenih peteršiljevih kosmičev

V posodi za mešanje zmešajte moko, papriko, sol, ingver in poper. Dodajte pivo in jajce .

V plastični vrečki zmešajte zdrobljene preste, parmezan, koščke slanine in peteršilj. Kose piščanca potopite in stresite, da se prekrijejo.

Pečemo pokrito pri 350 F 30 minut

5. Piščanec iz pivskega testa

Dobitek: 4 porcije

Sestavina

- 1 skodelica Nepresejana moka
- 1 žlica paprike
- ½ čajne žličke Sol
- 1 Qt koruzno olje
- 1 skodelica Pivo
- 3 funte Piščanec, narezan na dele

V veliki skledi zmešajte prve 3 sestavine. Nalijte koruzno olje v težko 3 qt. ponev ali cvrtnik, pri čemer ne napolnite več kot ⅓ .

Segrevajte na srednjem ognju do 375 stopinj

Ko ste pripravljeni za cvrtje, postopoma vmešajte pivo v mešanico moke, dokler ni gladka. Piščanca, 1 kos naenkrat, potopite v testo; otresite odvečno.

Cvremo po nekaj kosov naenkrat; občasno obračajte, 6 do 8 minut ali dokler ni zlato rjava in piščanec ni mehak. Odcedimo na papirnatih brisačah. Med cvrtjem preostalih kosov naj bodo na toplem.

6. Ribji mladici iz pivskega testa

Dobitek: 1 porcija

Sestavina

- 1 skodelica Bisquick
- 1 čajna žlička Sol
- 4 6 unč piva
- ⅓ skodelice Koruzni zdrob
- ¼ čajne žličke Poper
- 2 funta Ribji fileji

Zmešajte suhe sestavine in dodajte pivo, da dobite lepljivo konsistenco za namakanje. Solite ribe in jih potopite v testo. Cvrete na 375 stopinjah, dokler ribe niso zlato rjave barve.

7. Cvrtje iverke iz pivskega testa

Dobitek: 1 porcija

Sestavina

- 1 skodelica Bisquick
- 1 čajna žlička Sol
- 46 oz piva
- ⅓ skodelice koruzne moke
- ¼ čajne žličke popra
- 2 funta Ribji fileji

Zmešajte suhe sestavine in dodajte pivo, da dobite lepljivo konsistenco za namakanje. Solite ribe in jih potopite v testo. Cvrete na 375 stopinjah, dokler ribe niso zlato rjave barve.

8. Pivsko testo za ocvrtega piščanca

Dobitek: 1 porcija

Sestavina

- ⅔ skodelice moke
- ½ čajne žličke soli
- ⅛ čajne žličke popra
- 1 jajčni rumenjak; pretepen
- ¾ skodelice piva Flat

Zmešajte suhe sestavine in pustite na stran. Stepite rumenjaka in počasi dodajte pivo.

To postopoma dodajamo v suho zmes. Navlažite piščanca. Potopite v začinjeno moko in nato potopite v testo. Ponovno potopite v začinjeno moko. Fry

9. Pivsko testo za kozice in zelenjavo

Dobitek: 1 porcija

Sestavina

- 2 skodelica moke
- 2 skodelica za pivo
- olje; za cvrtje
- Začinjena moka; za poglabljanje
- kozice; olupljen, deveined
- Trakovi bučk
- Brokolijevi cvetovi

V skledo z moko po malem vmešajte pivo. Po potrebi dodajte več piva. Testo prelijemo skozi cedilo in pustimo stati eno uro. Preverite želeno gostoto in po potrebi dodajte več piva.

V globokem loncu segrejte olje na 360 stopinj. Predmet, ki ga želite ocvreti, potopite v začinjeno moko in ga nato pomočite v pivsko testo. Pražite do zlate barve. Odstranite na krožnik, obložen s papirnato brisačo.
Postrezite takoj.

10. Ocvrt podplat iz pivskega testa

Dobitek: 1 porcija

Sestavina

- 2 funta File morskega lista
- $\frac{3}{4}$ skodelice Moka
- 1 čajna žlička Pecilni prašek
- $\frac{1}{2}$ čajne žličke Čebula v prahu
- $\frac{1}{8}$ čajne žličke beli poper
- $\frac{1}{2}$ skodelice piva
- 2 jajci, stepeno rastlinsko olje, tatarska omaka

Testo za to ocvrto ribjo jed je rahlo in hrustljavo z nežnim okusom po pivu. Morski list lahko nadomestijo drugi ribji fileji.

Ribe osušite s papirnatimi brisačami. Vsak kos po dolgem prerežemo na pol.

Združite suhe sestavine. Pivo zmešajte z jajci in 2 žlici olja ter dodajte suhim sestavinam. Mešajte, dokler se ne navlaži. V ponvi segrejte $\frac{1}{4}$ palca olja

Vsak kos ribe pomočite v testo in dobro premažite. Cvremo do zlato rjave barve na obeh straneh. Postrezite s tatarsko omako. Za 6-8 obrokov.

11. Ocvrta zelenjava iz pivskega testa

Dobitek: 4 porcije

Sestavina

- Olje
- 1 ovojnica Mešanica za zlato čebulno juho
- 1 skodelica Nebeljena večnamenska moka
- 1 čajna žlička pecilnega praška
- 2 veliki jajci
- ½ skodelice Pivo, katero koli običajno pivo
- 1 žlica pripravljene gorčice

V cvrtniku segrejte olje na 375 stopinj F. Medtem v veliki skledi stepajte mešanico za juho z zlato čebulo, moko, pecilni prašek, jajca, gorčico in pivo, dokler niso gladke in dobro premešane. Testo pustimo stati 10 minut. Predlagano zelenjavo in stvari pomočite v testo in nato previdno potopite v vroče olje.

Fry, obračanje enkrat, do zlato rjave barve; odcedite na papirnatih brisačah. Postrežemo toplo.

12. Piščanec z mehiškim pivom

Dobitek: 1 porcija

Sestavina

- $1\frac{1}{2}$ funta kosov piščanca
- 2 Zeleni papriki narezani na tanke rezine
- 1 srednja čebula, narezana na tanke rezine
- 1 strok česna
- 1 velik sesekljan paradižnik
- 2 žlici olja
- 1 pločevinka piva
- Sol in poper

V ponvi segrejemo olje. Piščanca potresemo s soljo in poprom, položimo na olje in vsak kos piščanca na vsaki strani popečemo, da rahlo porjavi, piščanca odstranimo in odstavimo. Na istem olju približno 2-5 minut pražimo čebulo, papriko, paradižnik in česen. Dodajte piščanca in pivo, zavrite, zmanjšajte ogenj in pustite kuhati, dokler ni piščanec gotov in se pivo

skoraj vpije. Ne pustite, da se posuši.
Postrezite s prilogo iz riža.

13. Morska plošča iz pivskega testa

Dobitek: 1 porcija

Sestavina

- nekaj kilogramov morske plošče
- dovolj jedilnega olja za globoko cvrtje
- 1 skodelica Moka
- eno 12-unčno steklenico piva
- 1 žlica paprike
- 1 1/2 žličke soli

Za to testo se najbolje obnesejo kakovostna svetla piva. Okus temnega piva je premočan.

Morsko ploščo narežite na 1 cm debele kose. Segrejte olje v cvrtniku na 375 stopinj F. Naredite testo tako, da združite preostale sestavine. Morsko ploščo pomočite v testo in po nekaj kosov spustite v vroče olje. Ribje kose kuhajte, dokler testo ni zlato rjavo ~ le nekaj minut. Morska plošča se zlahka prekuha, zato poskusite z njo ne pretiravati. Kose rib poberemo iz olja in odcedimo na papirnatih brisačah; postrezite vroče z vašo najljubšo prilogo.

14. Ribe in krompirček v pivskem testu

Dobitek: 1 porcija

Sestavina

- 1½ funtov Fileji polenovke
- ⅓ skodelice svežega limoninega soka
- ½ mlete velike bele čebule
- Sol po okusu
- Popramo po okusu
- 6 medijev Krompir
- Rastlinsko olje

Testo za pivo

- ½ skodelice moke
- 1 čajna žlička paprike
- kajenski poper
- Sladni kis (neobvezno)

Ribo narežite na servirne kose in položite v ravno skledo. Ribe potresemo z limoninim sokom, čebulo, soljo in poprom po okusu, mariniramo 1 uro. Operite in olupite krompir; narežite na trakove in sperite v hladni vodi: dobro odcedite. Krompir ocvremo v globokem olju, segretem na 375, dokler se skoraj ne zmehča; odcedimo in razporedimo po papirnatih brisačah. Presejte skupaj moko, 1 žličko. sol, poper in cayenne po okusu v ravno posodo; Ribe potresemo v moki. Ribe pomočite v pivsko testo in jih pecite do zlato rjave in hrustljave barve.

15. Gobe iz pivskega testa

Dobitek: 4 porcije

Sestavina

- 24 vsak Gobe
- 1 vsak paket mešanice testa
- 1 skodelica Pivo

Gobe operemo in obrežemo stebla, vendar ne odstranimo popolnoma celotnega stebla.

V cvrtniku, kot je "Fry-Daddy" ali globoki ponvi, segrejte olje z dovolj olja, da pokrije

Testo zmešajte v skladu z navodili na embalaži, le da kot tekočino uporabite pivo namesto vode ali mleka.

V globoki maščobi jih ocvremo do zlato rjave barve in odcedimo na papirnatih brisačkah.

16. Krompirjeva pivska enolončnica

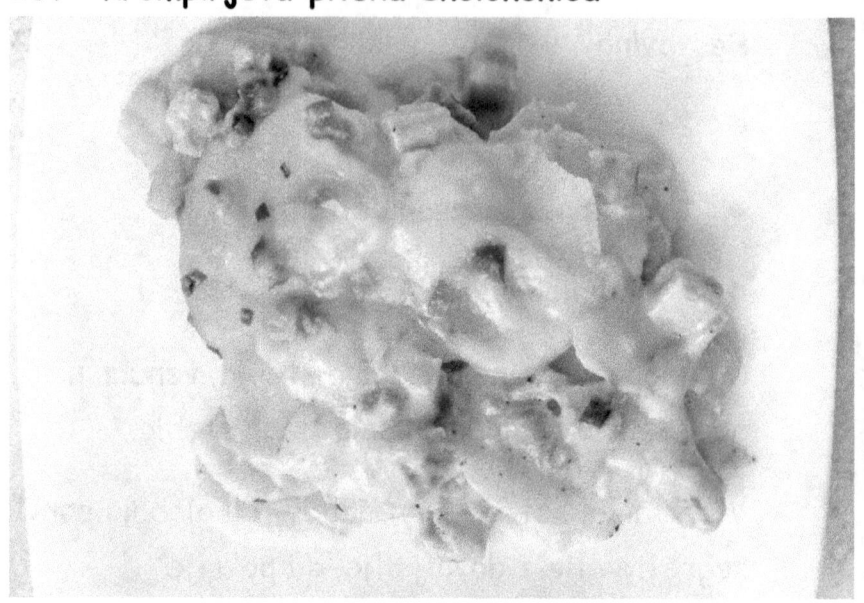

Dobitek: 8 obrokov

Sestavina

- 4 veliki rdečerjavi krompirji z lupino
- 1 skodelica narezane čebule
- 1½ čajne žličke soli
- 1 čajna žlička česnove soli
- 2 čajni žlički paprike
- 2 žlici večnamenske moke
- 2 čajni žlički sladkorja
- 4 žlice Margarina
- 1 funt Švicarski sir, nariban

Krompir olupite in narežite na ⅛ palčne rezine. Z maslom namazano enolončnico obložite s ¼ krompirja, enakomerno porazdeljenega po pekaču. Krompir potresemo s ¼ čebule.

V majhni skledi zmešajte sol, česnovo sol, sladkor, papriko in moko. Dobro premešajte. 2½ čajne žličke te mešanice enakomerno potresemo po prvi plasti.

Potresemo z 1 žlico masla, narezanega na koščke. Postopek nadaljujte še za 3 plasti. Enolončnico prelijemo s pivom in potresemo z naribanim sirom. Pečemo pri 350 1 uro.

17. Divji riž v pivu

Dobitek: 4 porcije

Sestavina

- ½ funta Divji riž
- 1 pločevinka Pivo (12 oz.)
- 6 rezin slanine
- 1 majhna čebula, sesekljana
- 1 pločevinka Goveja juha
- 1 pločevinka kremne gobove juhe

Divji riž čez noč namočite v pivo. V ponvi popečemo slanino. Odstranite slanino; drobiti. Na 1 do 2 žlicah slanine maščobe prepražimo čebulo

Zmešajte odcejen riž, govejo juho, gobovo juho, nadrobljeno slanino in popraženo čebulo. Nalijte v z maslom namazano 2-litrsko posodo. Pokrov. Pečemo v pečici na 350 stopinj eno uro. Odkrij. Pečemo 30 minut.

18. Pivsko testo z mehkimi oklepi

Dobitek: 6 obrokov

Sestavina

- 12   Rakovice, mehke
- 12 unč Pivo; toplo
- 1¼ skodelice moke
- 2 čajni žlički soli
- 1 čajna žlička paprika
- ½ čajne žličke Pecilni prašek

V posodo za mešanje nalijte pivo; dodajte moko in nato preostale sestavine. Dobro premešaj. Maso pripravite vsaj 1-1 uro pred uporabo, saj se bo stoje zgostila. Prah rakov rahlo v moki; posamezno potopite v testo.

Cvremo pri 360 stopinjah 2-5 minut, odvisno od velikosti. Raki morajo biti zlato rjavi. Odcedimo in postrežemo.

19. Dinner testo piščančje trakove

Dobitek: 1 porcija

Sestavina

- 1 pločevinka (12 unč) piva
- 2 jajci
- 1½ skodelice Moka
- 4 kapljice   jedilne barve v odtenku jajc
- Medeno gorčična omaka za namakanje
- 1 funt Mehke piščančje prsi
- ¼ skodelice Gorčica po dijonsko
- ¾ skodelice srček
- ¼ skodelice Majoneza

V skledi zmešajte pivo, jajca in sol. Vmešajte moko in po potrebi dodajte dodatno moko. Dodajte jedilno barvo.

Pripravite medeno gorčično omako.

Ko ste pripravljeni za kuhanje, predhodno segrejte 1½ do 2 palca olja v globokem loncu ali cvrtniku na 350 stopinj. Odstranite testo iz hladilnika in dobro premešajte.

Piščančje trakove obložite s testom, nato pa jih s kleščami nežno potisnite v olje, da trakovi plavajo.

20. V voku ocvrt piščanec iz pivskega testa

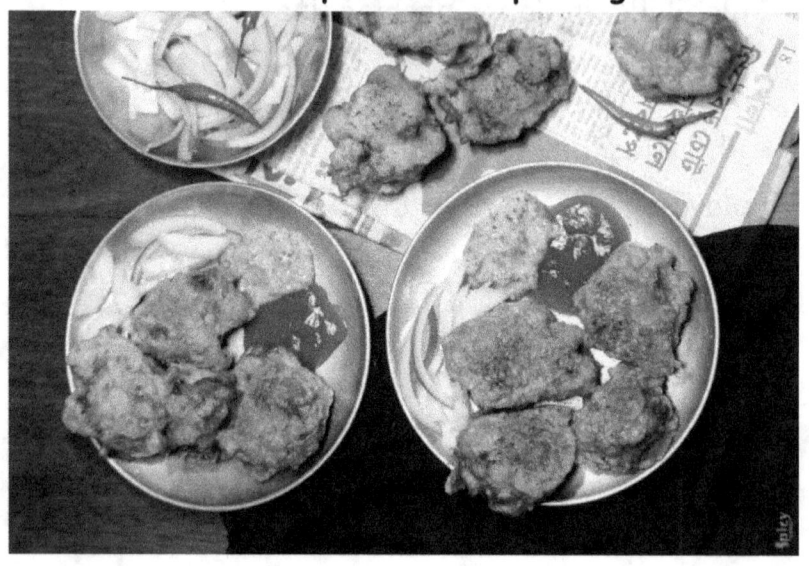

Dobitek: 6 obrokov

Sestavina

- 3 do 3 1/2 - lbs. piščanec
- 2 skodelici moke
- 2 žlički pecilnega praška
- 1 čajna žlička pehtrana, ocvrtega
- ¼ čajne žličke VSAK; sol in poper
- 1 jajce, pretepeno
- 1 pločevinka piva 12 oz

Piščanca dušimo v rahlo osoljeni vodi 25 minut.

Preverite pravilno temperaturo voka s kocko kruha. Porjavi naj v 60 sekundah. Zmešajte moko, pecilni prašek, pehtran, sol in poper. Dodamo stepeno jajce in pivo. Mešajte do konsistence smetane. Piščanca potopite v testo po nekaj kosov naenkrat. Pustite, da odvečno testo odteče.

Piščanca kuhajte 5 do 7 minut in ga enkrat obrnite, dokler ni lepo rjav. Odcedite in hranite na toplem.

21. Svinjski kotleti v pivski teriyaki marinadi

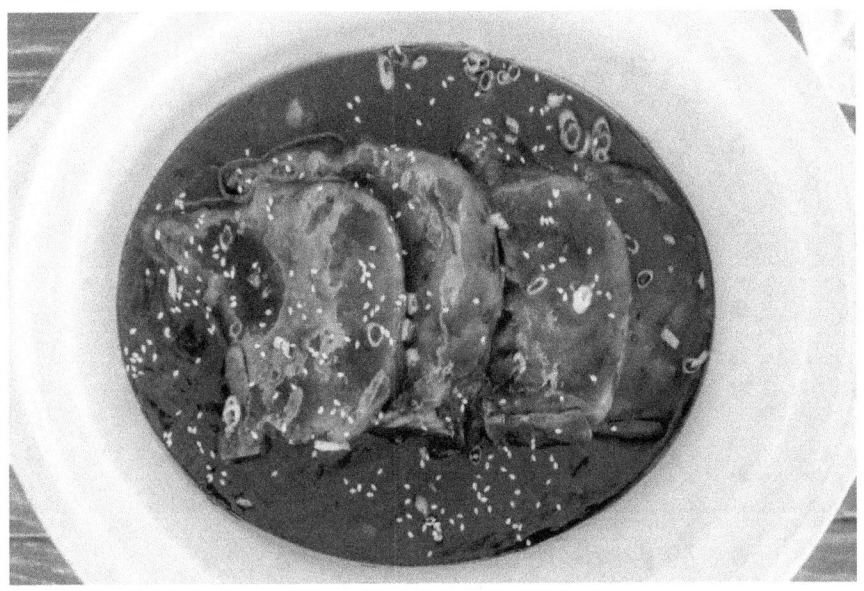

Dobitek: 6 obrokov

Sestavina

- ⅔ skodelice sojine omake
- ¼ skodelice Mirin
- Ali sladki šeri
- ¼ skodelice jabolčnega kisa
- ⅓ skodelice sladkorja
- 2 žlici svež ingverjev koren
- ⅔ skodelice piva (ne temnega)
- 6 centimetrov debela rebra ali hrbet
- Svinjski zrezki

V ponvi zmešajte sojino omako, mirin, kis, sladkor, ingverjevo korenino in pivo ter mešanico kuhajte, dokler se ne zmanjša na približno 1 ⅓ skodelice.

V plitkem pekaču, ki je dovolj velik, da sprejme svinjske kotlete v eni plasti, zmešajte svinjske kotlete in marinado, obrnite kotlete, da jih dobro prekrijete, in pustite, da se kotleti marinirajo.

Svinjske kotlete pecite na žaru na naoljeni rešetki, postavljeni približno 4 centimetre nad žarečim ogljem, in jih polijte z marinado.

22. Jagnječji kotleti s pivom in gorčično omako

Dobitek: 4 porcije

Sestavina

- 8 jagnječjih kotletov po približno 3 unče
- 2 stroka česna, olupljena in prerezana na pol
- 1 čajna žlička Rastlinsko olje
- Sol in poper po okusu
- 1 skodelica Goveja juha
- 1 steklenica (12 oz) piva
- 1 žlica melase
- 1½ žlice Zrnata gorčica
- 1 čajna žlička koruzni škrob

Jagnječje kotlete natrite z eno od polovičkov česna, nato pa jih rahlo premažite z oljem ter začinite s soljo in poprom.

Dodajte jagnjetino v ponev

Medtem v ponev vlijemo govejo juho in 1 skodelico piva; vmešajte melaso in preostali česen. Zavremo .

V majhni skledi zmešajte koruzni škrob in preostalo pivo. Dodamo k omaki v ponvi in stepamo, dokler se rahlo ne zgosti. Združite

23. Lignji iz pivskega testa

Dobitek: 4 porcije

Sestavina

- 2½ funta Lignji
- 1½ skodelice ržene moke
- 1 žlica arašidovega olja
- Sol in poper po okusu
- 12 unč Pivo
- 5 Beljakov stepite v trd, a ne suh sneg
- 4 skodelice Rastlinsko olje
- 2 šopka Kodrast peteršilj

V skledi za mešanje zmešajte moko, 1 žlico. arašidovo olje, sol in poper ter zmešajte. Po malem vmešajte pivo. Previdno vmešamo beljake. V cvrtniku segrejte olje na 375 F. V testo pomočite lovke lignjev in jih v globoki maščobi pražite 2 minuti in pol . Odcedimo na papirnatih brisačah. Obdrži toplo. Peteršilj zelo dobro osušite in položite v globoko maščobo za 20 sekund. Odcedite na brisačah.

Kolobar lignjev razporedite po velikem krožniku in ga potresite s peteršiljem.

24. V pivu dušena govedina v lončku

Dobitek: 6 obrokov

Sestavine:

- 3 funte Pusto goveje obaro meso narežemo na kose
- 1 čajna žlička Sol
- ½ čajne žličke Poper
- 2 srednji čebuli, narezani na tanke rezine
- 18   oz pločevinka gob
- 1 12 oz pločevinka piva
- 1 žlica kisa
- 2 goveji bujonski kocki
- 2 žlici sladkorja
- 2 stroka česna, nasekljana
- 1 žlička timijana
- 2 lovorjeva lista

Goveje meso dajte v lonec. Združite vse ostale sestavine in prelijte čez govedino. Kuhajte na nizki temperaturi 8-10 ur ali na visoki temperaturi 4-5 ur. Pred serviranjem sok po želji zgostimo. Joyce pravi, da za to uporabi nekaj moke ali koruznega škroba.

25. Pivske pečene kozice

Dobitek: 1 porcija

Sestavina

- ¾ skodelice Pivo
- 3 žlice Olje
- 2 žlici Peteršilj
- 4 čajne žličke Worcestershire omake
- 1 strok česna, mleto sol in poper
- 2 funta Velika kozica, v lupini

Zmešajte pivo, olje, peteršilj, Worcestershire omako, česen, sol in poper. Dodamo kozico, premešamo in pokrijemo. Marinirajte 60 minut.

Odcedite, prihranite marinado

Postavite kozice na dobro namaščeno stojalo za brojlerje; pražite 4 minute, 4-5 centimetrov od ognja. Obrnite in krtačite; pražite še 2-4 minute ali do svetlo rožnate barve.

26. Pivski čili

Dobitek: 1 porcija

Sestavina

- 1 funt Govedina ali kombinacija govedina/svinjina
- ¼ skodelice čilija v prahu
- 2 žlički mlete kumine
- 1 čajna žlička česna v prahu
- 1 čajna žlička Origano
- 1 čajna žlička Cayenne ali po okusu
- 1 pločevinka (8 oz) paradižnikove omake
- 1 pločevinka piva
- ½ čebule; narezan na kocke

Na srednjem ognju na malo olja prepražimo čebulo, dokler ne postekleni, dodamo meso in segrejemo na visoko temperaturo in približno dve minuti zapečemo, znižamo temperaturo na srednjo temperaturo in naenkrat dodamo začimbe ter premešamo, da se pokažejo okusi posušenih začimb, zdaj dodamo paradižnikovo omako in kuhajte nekaj minut, tako da s kuhanjem nekaj minut pokažete okuse paradižnikove omake.

Zdaj dodajte pivo, zavrite in pustite vreti približno 1 uro ali več.

27. Pivska salama

Donos: 10 funtov

Sestavina

- 3 funte Goveji prsi, narezani na kocke
- 7 funtov Šunka, na kocke, maščoba vključena
- 1½ žlice črnega popra
- 1 jušna žlica mlete mace
- 1½ žlice Zdrobljeno gorčično seme
- 2 žlički česna, drobno mletega
- 4 čevlje veliki goveji črevi

Začnite kaditi pri približno 80 stopinjah in postopoma dvignite temperaturo na 160. To naj traja približno 4 ure. Kadite še 2 uri.

Ohladite tako, da ga za približno 5 minut potopite v lonec s hladno (ne mrzlo) vodo, dokler ni hladen na dotik. Salamo dobro osušimo in shranimo v hladilniku.

28. Pivska poširana poljska klobasa

Dobitek: 4 porcije

Sestavina

- 12 unča Pivo
- 1 Kielbasa klobasa, 1 1/4 lbs.
- 1 Rastlinsko olje
- 1 Sok 1 limone

Predgrejte žar. Pivo postavite v ponev, ki je dovolj velika, da vanjo položite klobaso. Segrejemo do vrenja; zmanjšajte toploto. Klobaso prebodite in jo nežno poširajte v pivu 4 minute na vsako stran. Odtok.

Če uporabljate predhodno namočen čips ali koščke ali druge arome, jih potresite po vročem oglju ali kamenju plinskega žara. Žar rahlo premažite z oljem. Klobaso rahlo namažite z oljem.

Pečemo na srednje vročem ognju 5 minut na vsako stran. Postrežemo: klobaso stresemo po sredini ali narežemo na debele rezine. Pred serviranjem potresemo z limoninim sokom.

29. Pivski riž

Dobitek: 6 obrokov

Sestavina

- ½ skodelice sesekljane čebule
- ½ skodelice zelene paprike; sesekljan
- ½ skodelice masla; stopljeno
- 2 kocki piščančja bujonska kocka
- 2 skodelici vrele vode
- 1 skodelica riž; nekuhano
- ¾ skodelice Pivo
- ½ čajne žličke Sol
- ¼ čajne žličke Poper
- ¼ čajne žličke Mleti timijan

Na maslu prepražimo čebulo in zeleno papriko, dokler se ne zmehčata

V vreli vodi raztopite bujon; dodajte mešanici čebule in zelene paprike.

Vmešajte pivo in začimbe . Pokrijte in na šibkem ognju dušite 30 do 40 minut oziroma dokler se vsa tekočina ne vpije.

30. Pivska krompirjeva solata

Dobitek: 8 obrokov

Sestavina

- 3 funte Krompir
- 2 skodelici narezane zelene
- 1 majhna čebula, sesekljana
- Sol
- 1 skodelica Majoneza
- 2 žlici Pripravljena gorčica
- ¼ čajne žličke feferone omake
- ½ skodelice piva
- 2 žlici Sesekljan peteršilj

Zaradi piva, ki je dodano prelivu, ta krompirjeva solata izstopa.

Krompir v lupinah skuhamo, dokler se ne zmehča. Ko se ohladi, jih olupimo in narežemo na kocke. Dodamo zeleno in čebulo ter po okusu posolimo. Majonezo zmešajte z gorčico in omako iz feferona. Postopoma primešamo pivo. Dodamo peteršilj.

Prelijemo čez mešanico krompirja. Rahlo premešamo z vilicami. Ohladite se.

31. Goveji prsi nad divjim rižem

Dobitek: 8 obrokov

Sestavina

- 2½ funta Sveži goveji prsi
- 1 čajna žlička soli
- ¼ čajne žličke česna v prahu
- 1 steklenica (12 oz) piva
- 2 Med. Zrel paradižnik, narezan
- ½ skodelice narezane čebule
- 1 čajna žlička Poper
- 1 steklenica (12 oz) čilijeve omake
- Divji riž amandin
- Vejice peteršilja

Goveje prsi položite z maščobo navzdol v globok pekač. Prsi potresemo s čebulo, soljo, poprom in česnom v prahu. Prsi prelijemo s čilijevo omako. Tesno pokrijte in kuhajte v počasni pečici (325 stopinj F.) 3 ure. Prsi prelijemo s pivom.

Prsi položite na velik servirni krožnik in obdajte z divjim rižem Amandine. Okrasite z narezanimi paradižniki in peteršiljem. Prsi narežemo na zelo tanke rezine in postrežemo z vročo kuhano tekočino.

32. Raca pečena v pivu

Dobitek: 4 porcije

Sestavina

- $1\frac{3}{4}$ žlice Sol
- $\frac{1}{4}$ čajne žličke Sečuanski poper
- Pounds Duck
- 1 pločevinka Pivo; katere koli vrste, 12 oz

V majhni ponvi zmešajte sol in poprova zrna ter pražite na majhnem ognju približno 5 minut ali dokler sol rahlo ne porjavi in poprova zrna rahlo kadijo. Mešajte.

Pustite, da raca visi 6-8 ur ali dokler se koža ne posuši. Pekač obložite s folijo, da odbija toploto. Raco položite s prsmi navzdol in jo med vtiranjem v kožo počasi prelijte s ⅓ piva. Raco obrnite in preostanek piva prelijte in namažite po prsih, stegnih, kračih in perutnicah.

Pečemo uro in pol pri 400 stopinjah, nato 30 minut pri 425 stopinjah in nazadnje še 30 minut pri 450 stopinjah.

33. Mesne kroglice v pivski omaki

Dobitek: 6 obrokov

Sestavina

- 1,00 jajce; pretepen
- 1 lahko Kondenzirani cheddar sir
- 1 skodelica Mehke krušne drobtine
- ¼ čajne žličke soli
- 1 funtov Mleta govedina ali juha
- 1 srednje čebula; narezan na tanko
- ½ skodelice piva
- ½ čajne žličke Origano; posušeno, zdrobljeno
- Dash poprova zrna
- Kuhani rezanci ali riž

V majhni skledi zmešajte jajce in ¼ skodelice juhe. Vmešamo krušne drobtine.

Na kolobarje narezano čebulo položite v pekač 12x7,5x2". Pokrijte

Zmešajte preostalo juho, pivo, origano in poper.
Mešanico prelijemo z juho. Pečemo.

34. Pivska kozica s testeninami iz angelskih las

Dobitek: 1 porcija

Sestavina

- 1 funt kozice, olupite in razrežite
- 1 steklenica (12 oz.) svetlega piva
- 1 skodelica Navpično narezana čebula
- 1½ čajne žličke naribane limonine lupinice
- ½ čajne žličke soli
- ¼ čajne žličke črnega popra
- 1 strok česna, mlet
- 2 žlici ekstra deviškega oljčnega olja
- 2 žlici limoninega soka
- 4 skodelice vroče kuhane testenine z angelskimi lasmi
- Mlet svež peteršilj

V nizozemski pečici na močnem ognju zavrite pivo. Dodamo kozice; Pokrijte in kuhajte 2 minuti. Odstranite kozico z žlico z režami; odstavite in hranite na toplem. Dodajte čebulo in naslednjih pet sestavin v ponev; zavrite.

Kuhajte, nepokrito, 4 minute

Odstranite z ognja; ob stalnem mešanju z metlico postopoma dodajamo olje in limonin sok. Dodajte testenine; dobro premešajte.

35. Nemške pivske ribe

Dobitek: 1 porcija

Sestavina

- 1 cel krap
- 2 žlici maslo
- 1 srednja Čebula, sesekljana
- 1 steblo zelene, sesekljano
- ½ čajne žličke Sol & 6 poprova zrna
- 3 celi nageljni
- 4 rezine limone
- 1 lovorjev list
- 1 steklenica piva
- 6 kosov ingverja , zdrobljenega
- 1 žlica sladkorja svežega peteršilja

V ponvi stopite maslo. Dodamo čebulo, zeleno, sol, poper v zrnu in nageljnove žbice ter premešamo. Na vrh položite rezine limone in lovorjev list. Na vrh položite ribe. Dodajte pivo. Pokrijte in dušite 15-20 minut,

V ponev dajte ingverje in sladkor, vmešajte 1-½ skodelice precejene tekočine.

Okrasite ribe s peteršiljem. Pass omaka za prelivanje rib in kuhan krompir kot priloga.

36. Kozice v pivsko-žafranovem testu

Dobitek: 1 porcija

Sestavina

- 2 funta Nekuhane kozice
- 7 unč Navadna moka
- 1 ščepec morske soli/paprike
- 12 pramenov žafrana; (namočeno v vroči vodi)
- 16 tekočih unč Ale
- Oljčno olje za globoko cvrtje
- 1 rezine limone in aioli

Iz piva, začimb in moke naredite gosto testo, ki ga pustite počivati 30 minut. Imeti mora konsistenco bele omake.

Kozice olupimo tako, da pustimo rep, ribe pomočimo v testo, odvečno otresemo in cvremo 2 minuti v vročem olju ter odcedimo na kuhinjskem papirju.

Postrezite z rezinami limone.

37. Cimetova pivska juha

Dobitek: 4 porcije

Sestavina

- 1½ žlice (zvrhane) moke
- 50 gramov Maslo (3 1/2 žlice)
- 1 liter piva
- 1 majhen košček cimeta
- Sladkor po okusu
- 2 rumenjaka
- ⅛ litra mleka (1/2 skodelice plus 1/2 žlice)
- Popečen beli francoski kruh

Na maslu prepražimo moko in nato dodamo pivo. Dodamo cimet in sladkor ter zavremo. Rumenjak in mleko stepemo in vmešamo v vroče (vendar ne več vrelo) pivo. Precedite in postrezite s popečenimi rezinami kruha.

38. Som v pivu

Dobitek: 1 porcija

Sestavina

- 3 žlice Maslo ali margarina
- 5 vsakih strokov česna, sesekljanih
- Po 3 zelene čebule, sesekljane
- po 2 fileja velikega soma
- ⅓ skodelice moke
- Po 4 gobe, velike, narezane
- 3 unče Pivo, svetlo
- ½ vsake limone
- 1x Worcestershire omaka
- 1x Riž, beli

Na maslu zapečemo drobno sesekljan česen in čebulo, ki zacvrči

Soma rahlo pomokamo, dodamo v ponev z gobami. Zalijemo s pivom in fileje pokapljamo s sokom polovice limone. Dodajte nekaj kapljic

Worcestershire. Pražite na srednjem ognju, obračajte, dokler ne porjavi na obeh straneh

Postrežemo na toplih krožnikih z rižem. Čez riž uporabite omako.

39. Napijte piščanca

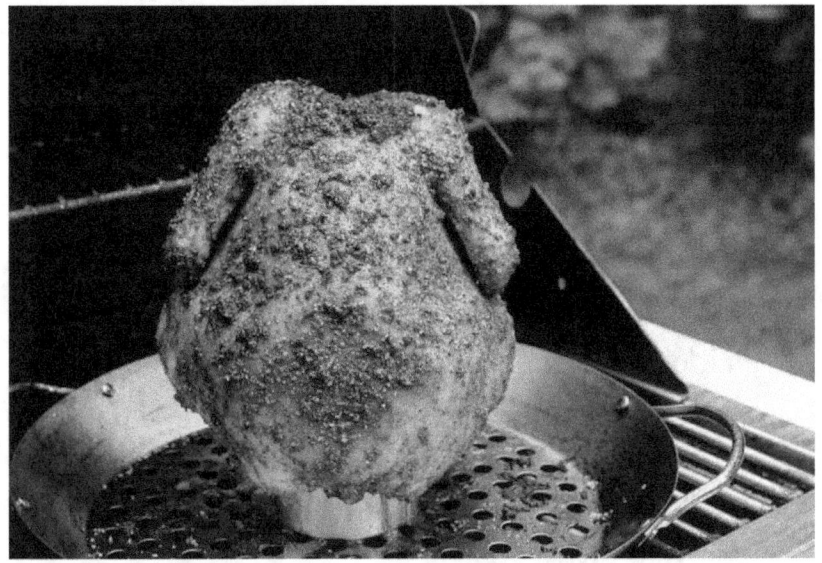

Dobitek: 1 porcija

Sestavina

- Celega piščanca
- Začimba
- Suho drgnjenje

Pridobite piščanca. Natrite z najljubšimi začimbami, vključno s papriko in soljo

Pridobite 16oz pločevinko piva. Popijte približno polovico piva.

Piščanca dajte v pločevinko. Postavite piščanca na žar.

Dimite pri približno 275 stopinjah, dokler se bedra zlahka ne obrnejo. Običajno približno 5 ali 6 ur

40. Korenje v pivu

Dobitek: 4 porcije

Sestavina

- 4 vsaka korenje; velik
- 1 žlica masla
- 1 skodelica temno pivo; katera koli znamka
- ¼ čajne žličke soli
- 1 čajna žlička sladkor

Korenje olupimo in narežemo na dolge tanke rezine. V srednje veliki ponvi stopite maslo; dodamo pivo in korenje.

Med pogostim mešanjem počasi kuhajte, dokler se ne zmehča. Vmešajte sol in sladkor. Kuhamo še 2 minuti in vroče postrežemo.

41. Pečeni pivski burgerji

Dobitek: 6 obrokov

Sestavina

- 2 funta Mleta govedina
- Dash Poper
- 1 čajna žlička Tabasco omaka
- 1 strok česna, zdrobljen
- ⅓ skodelice Čili omaka
- ½ paketa mešanice suhe čebulne juhe
- ½ skodelice Pivo

Pečico segrejte na 400'F.

Zmešajte meso, poper, omako Tabasco, česen, čili omako, mešanico suhe čebulne juhe in ¼ skodelice piva. Oblikujte 6 polpet.

Pečemo pri 400'F do rjave barve, približno 10 minut. Polijte s preostalo ¼ skodelice piva.

Nadaljujte s peko še dodatnih 10-15 minut, dokler niso dobro pečeni.

42. Sendviči s pečenko v pivu

Dobitek: 3 porcije

Sestavina

- 4 funte Goveja pečenka brez kosti
- 1 majhna steklenica catsup-a
- 1 pločevinka Pivo
- Sol po okusu
- Popramo po okusu
- Česen po okusu

Pečeno položimo v steklen ali emajliran pekač. Potresemo z začimbami. Zalijemo s pivom in catsupom. Pokrijte in postavite v pečico na 350 stopinj za 1 uro ali več, dokler se ne zmehča.

Tanko narežite na toplo žemljo za sendviče, meso prelijte z omako. Postrežemo toplo.

POLNJENE JUHE IN ENOLOČNICE

43. Kremna juha iz piva

Dobitek: 4 porcije

Sestavina

- 12 unč Steklenice piva (1 temna in 2 svetli)
- 1 žlica sladkorja
- ½ čajne žličke beli poper
- ¼ čajne žličke Vsak cimet in sol
- ⅛ čajne žličke muškatni orešček
- 3 jajca, ločena
- ½ skodelice Polnomastna smetana

V lonec nalijemo pivo, vmešamo sladkor in začimbe ter zavremo. Rumenjake stepemo v smetano, zmesi dodamo malo vročega piva, dobro stepemo in zmes vlijemo nazaj v preostanek piva, pri čemer nenehno stepamo z metlico na zelo nizkem ognju, da se ne strdi. Ohladite, dokler se ne ohladi.

Ko ste pripravljeni za serviranje, iz beljakov stepite trd, vendar ne suh sneg, in jih vmešajte v juho.

44. Pivska juha s čebulo in česnom

Dobitek: 1 porcija

Sestavina

- 4 funte Čebula; (približno 10), narezanih
- 4 veliki stroki česna; mleto
- 2 žlici Olivno olje
- A (12-unčna) steklenica piva (ne temnega)
- 5¼ skodelice goveje juhe
- 2 žlici sladkor
- 2 žlici Nesoljeno maslo
- 4 rezine   enodnevnega rženega kruha; skorje zavržemo
- Sveže nariban parmezan

V močnem kotličku kuhajte čebulo in česen v olju na zmernem ognju, občasno premešajte, dokler mešanica ne porjavi.

Vmešajte pivo in juho; mešanico pokrito kuhajte 45 minut in vmešajte sladkor ter sol in poper po okusu. Medtem ko juha vre, v težki ponvi na zmernem ognju stopimo maslo, dodamo kruhove kocke in jih med mešanjem kuhamo, dokler ne zlato porjavijo.

Juho razdelite v 6 skledic in jo prelijte s parmezanom in krutoni.

45. Pivska juha s slanino in čedarjem

Dobitek: 33 obrokov

Sestavina

- 6 unč Rastlinsko olje
- 1½ funtov Čebula; grobo sesekljan
- 1¼ funtov Krompir; narezan na kocke
- 1 funt korenje; narezan na kocke
- 1 funt Zelena; narezana
- 1 pločevinka Slanina in sirna omaka Cheddar
- 2 skodelici piva
- 1 liter piščančje juhe
- 1¼ funtov mešana zelenjava; zamrznjen
- ½ čajne žličke paprika
- ½ čajne žličke Beli poper
- ¼ čajne žličke Okus tekočega dima
- 2 žlici Peteršilj; sesekljan

V velik lonec dajte rastlinsko olje. Dodamo čebulo, krompir, korenje in zeleno; dušite 25-30 minut ali dokler zelenjava ni kuhana.

Dodajte preostale sestavine. Temeljito premešajte. Na šibkem ognju med občasnim mešanjem dušimo 20 minut. Postrezite toplo.

46. Bavarska pivska čebulna juha

Dobitek: 6 obrokov

Sestavina

- 1 Lovorjev list
- ½ čajne žličke Posušena bazilika / timijan / origano
- ½ čajne žličke Semena koromača
- ½ čajne žličke Mleti muškatni orešček
- ¼ skodelice Črni poper v zrnu
- 5 čebule; narezan na 1/4" debelo
- 1 čajna žlička česen; zdrobljen
- 3 žlice maslo
- 1½ skodelice Pilsner pivo
- ½ žlice začimbe Maggi
- 4 žlice

Lovorjev list, baziliko, timijan, origano, semena komarčka, muškatni orešček in poprova zrna zmešajte v kos gaze in zavežite z vrvico.

prepražimo čebulo in česen do temno rjave barve

Prenesite v ponev in dodajte vodo in pivo. Zavremo. Dodajte vrečko z začimbami, začimbo Maggi in govejo osnovo.

Počasi dušimo 30 minut

47. Belgijska enolončnica iz piva

Dobitek: 1 porcija

Sestavina

- 3 funte Chuck pečenka
- 1 kos prekajene šunke
- ½ skodelice Olje
- 1 velik čebula; tanko narezan
- 3 žlice Moka
- Pivo
- 1 skodelica Goveja juha
- ½ čajne žličke Črni poper
- 2 čajni žlički sladkor
- 2 žlici Peteršiljevi kosmiči
- 1 ščepec majarona in 1 ščepec timijan
- 1 strok česna; drobno sesekljan
- 4 korenje; narežemo na 1" kose
- ¾ skodelice orehi

- 2 žlici Rdeči vinski kis
- 2 žlici Škotski viski

Rjava govedina in šunka v olju v veliki ponvi

Moko presejemo v olje do svetlo rjave barve. Postopoma dodajte govedino

Dodajte ostale sestavine. Pokrijte in kuhajte 2 uri in pol

48. Brokolijeva pivska sirna juha

Dobitek: 10 obrokov

Sestavina

- 4 skodelice vode
- 1 čebula, majhna; sesekljan
- 1 funt Brokoli, svež
- 1 unča govejega bujona; zrnca
- $\frac{3}{4}$ skodelice Margarina
- $1\frac{1}{2}$ skodelice moke
- $\frac{1}{4}$ čajne žličke Česen v prahu
- $\frac{1}{4}$ čajne žličke Poper, beli
- Cayenne; okusiti
- 2 funta čedar; na kocke
- 4 skodelice mleka
- 2 unči Pivo

V velikem loncu za juho zavremo vodo in čebulo. Dodamo začimbe in polovico brokolija. Ponovno zavremo. Prilijemo jušno osnovo in zmanjšamo ogenj. V ločeni ponvi naredite roux.

Ko se zmes zgosti, postopoma vmešamo v juho in stepamo z žično metlico, da ne nastanejo grudice. Mleko in sir med stalnim mešanjem segrevajte tik pod vretišče, dokler se sir ne stopi.

Vmešajte v juho in dodajte preostali brokoli. Tik pred serviranjem dodamo pivo. Dobro premešaj.

49. Morska pivska juha

Dobitek: 6 obrokov

Sestavina

- 1 skodelica Zgoščena paradižnikova juha
- 1 skodelica Kondenzirana juha iz zelenega graha
- 12 unč Great Western Beer
- ¼ čajne žličke Česnova sol
- 1 skodelica Majhna kozica
- 1 skodelica Pol in pol ali smetana

Kondenzirane juhe dajte v ponev; primešamo pivo. Dodajte česnovo sol.

Segrevajte do vrenja in mešajte, dokler ni gladka

Dušite 3 do 4 minute.

Tik pred serviranjem dodamo neodcejene kozice in pol in pol. Segrejte na temperaturo serviranja; ne zavrite.

50. Biersuppe (pivska juha) in juha iz pinjenca

Dobitek: 1 recept

Sestavina

- 2 skodelici Sladko mleko
- 2 čajni žlički koruznega škroba
- ½ skodelice sladkor
- 3 rumenjaki
- 3 jajčni beljaki
- 2 skodelici piva

Poparite mleko. Zmešamo koruzni škrob in sladkor, dodamo stepene rumenjake in dobro premešamo, preden počasi vmešamo v mleko.

V ločeni ponvi poparite pivo. Združite z mlečno mešanico. Stepenemu beljaku dodamo 1 žlico sladkorja in ga po žlicah nalagamo na juho.

DOMAČE PIVO

51. Bananino pivo

Dobitek: 35 kozarcev

Sestavina

- 5 zrelih banan; pire
- 5 pomaranč; sok iz
- 5 limon; sok iz
- 5 skodelic sladkorne vode

Zmešajte skupaj in zamrznite. Napolnite velik kozarec do ⅓ (ali več) z zamrznjeno mešanico in dodajte 7-Up, Sprite, Ginger ale itd.

52. Alcatraz pšenično pivo

Dobitek: 1 porcija

Sestavina

- 3 funte Ekstrakt posušene pšenice
- 2 funta Pšenični slad
- 1 funt Ječmenov slad
- 1 funt Posušen ekstrakt slada
- 2½ unč Mt. Hood hmelj
- Wyeast Pšenični pivski kvas

Dva dni prej pripravite kvasni nastavek. Zdrobite tri funte sladu a la Miller. Kuhajte eno uro in dodajte 1-½ unče hmelja na začetku, ½ unče po 30 minutah in ½ unče po 5 minutah. Ohladimo in vlijemo kvas.

Fermentirati. Steklenička. Polovico serije (5 gal) sem napolnil s ⅓ skodelice koruznega sladkorja, drugo polovico pa s ½ skodelice deteljnovega medu. Po dveh tednih je bilo pivo odlično. Pivo z medom pa je bilo preveč gazirano.

53. A & W koreninsko pivo

Dobitek: 1 porcija

Sestavina

- ¾ skodelice sladkor
- ¾ skodelice Vroča voda
- 1 liter mrzle vode
- ½ čajne žličke Koncentrat koreninskega piva
- ⅛ čajne žličke Koncentrat koreninskega piva

V vroči vodi raztopite sladkor. Dodajte koncentrat koreninskega piva in pustite, da se ohladi.

Mešanico koreninskega piva zmešajte s hladno vodo, takoj popijte ali shranite v hladilniku v tesno pokriti posodi.

54. Česnovo pivo

Dobitek: 1 porcija

Sestavina

- ½ funta Izvleček bledega slada
- 4 velike čebulice česna olupljene in Očiščen
- 1 unča hmelja Northern Brewer
- London Ale

Ločite in olupite stroke štirih celih čebulic česna in rahlo zarežite površino strokov česna, da povečate površino med vrenjem.

Dodajte ekstrakt, polovico česna in ½ unče hmelja. Skupaj vre 60 minut

Po vrenju ohladite pivino in ohlajeno precedite v 6-½ galonsko primarno posodo. Po treh dneh močne fermentacije v 6½ galon

55. Kalifornijsko običajno pivo

Dobitek: 1 porcija

Sestavina

- $3\frac{1}{8}$ funtov Superbrau Plain Light
- 3 funte Briess Gold DME
- $\frac{1}{2}$ funta Kristalni slad -- zdrobljen
- $\frac{1}{4}$ funta Ječmenov slad
- $1\frac{1}{2}$ unč Severni pivovarski hmelj
- $\frac{1}{2}$ unče kaskadnega hmelja -- zadnjih 5 minut
- 1 paket Wyeast 2112 ali 1 Amsterdam Lager
- 4 unče Pritrdi sladkor

Ječmenov slad dajte na pekač za piškote pri 350 stopinjah za 10 minut. Odstranite in rahlo zmečkajte z valjarjem. Zdrobljena zrna dajte v vrečko iz muslina, dajte v 1 l hladne vode in zavrite. Odstranite zrna. Lonec odstavite z ognja, dodajte sirup in DME ter mešajte, dokler se ne raztopita.

Ponovno postavite na ogenj in dodajte $1\frac{1}{2}$ unč severnega pivskega hmelja ter kuhajte 30-45 minut. Zadnjih 5 minut kuhanja dodajte $\frac{1}{2}$ unče kaskadnega hmelja. Dodajte 4 litre hladne vode.

56. Šest ur koreninskega piva

Dobitek: 1 porcija

Sestavina

- 2 skodelici sladkor
- 1 čajna žlička kvas
- 2 žlici Ekstrakt koreninskega piva

Sestavine dajte v galonski vrč s približno četrt litra zelo tople vode. Mešajte, dokler se sestavine dobro ne premešajo.

Do konca napolnite vrč s toplo vodo. Pustite stati šest ur (samo položite pokrov na vrh, ne privijte). Po šestih urah privijte pokrov in ohladite.

57. Pivo Maerzen

Dobitek: 54 obrokov

Sestavina

- 4 funte Pale slad
- 3 funte Lahek suh izvleček
- ½ funta Kristalni slad (40L)
- 2 unči Čokoladni slad
- ½ funta Pražen slad
- ½ funta Münchenski slad
- 2 unči Dekstrinski slad
- 2½ unč Tettnanger hmelj (4.2 alfa)
- ½ unče Cascade hmelja (5,0 alfa)
- 3 žličke sadre
- Vierka suhi lager kvas

2 dni prej pripravite kvasni nastavek

Dodajte 8 litrov vrele vode in segrejte na 154 stopinj. Nastavite vsaj 30 minut. Segrejte na 170 stopinj 5 minut, da se zmeša. Sprskajte z 2 litroma vode. Dodajte suh ekstrakt, zavrite. Kuhajte 15 minut in dodajte eno unčo Tettnangerja. Vreti eno uro. Po 30 minutah dodajte 1 unčo Tettnangerja. Po 5 minutah dodajte ½ unče Tettnangerja in ½ unče Cascade. Precedite in ohladite.

58. Domače pivo

Dobitek: 1 porcija

Sestavina

- 1 Peck dobrih pšeničnih otrobov
- 3 peščice hmelja
- 2 litra melasa
- 2 žlici kvas
- 10 litrov voda

Otrobe in hmelj damo v vodo in kuhamo, dokler se otrobi in hmelj ne spustijo na dno. Precedite skozi tanko krpo v hladilnik.

Ko je približno mlačno, dodamo melaso. Takoj ko se melasa raztopi, vse skupaj prelijemo v 10-litrski sod in dodamo kvas.

Ko je fermentacija končana, sod zamašite in v 4-5 dneh bo pripravljen.

59. Brusnično pivo

Dobitek: 1 porcija

Sestavina

- 6 funtov Ekstra lahek suhi slad Izvleček
- 1 funt Münchenski slad
- 1 unča Fuggles vre
- 3 vrečke zamrznjenih brusnic
- 1 unča Fuggles kot zaključni hmelj
- kvas

Odmrznite jagode in jih zmešajte z dovolj vode, da dobite nekaj več kot 2 litra brozge.

Medtem pripravite običajni ekstrakt zvarka z uporabo münchenskega slada kot posebnega žita.

Ob koncu ure vrenja dodamo zaključni hmelj in za zadnjo minuto ali dve prilijemo brusnično tekočino, ko ugasnemo ogenj.

Ustekleničite po enem tednu

60. Ingverjevo pivo srčno

Dobitek: 1 porcija

Sestavina

- 2 unči Ingverjeva korenina, olupljena in narezana
- 1 funt Kristalni sladkor
- ½ unče vinske kisline
- Sok 1 limone
- 1 limona, narezana

Ingver, sladkor, vinsko kislino in limono dajte v skledo in prelijte z 1 galono vrele vode. Mešajte, dokler se sladkor ne raztopi.

Pustite približno tri ali štiri dni, nato precedite in tekočino nalijte v sterilizirane steklenice. Že po nekaj dneh bo pripravljen in zelo okusen za pitje, z veseljem pa ga lahko razredčite z negazirano ali gazirano vodo.

61. Hladilnik za paradižnikovo pivo

Dobitek: 6 obrokov

Sestavina

- 1½ skodelice paradižnikovega soka, ohlajenega
- 2 pločevinki (po 12 oz) piva

Okras:

- zelena čebula
- omaka iz rdeče paprike
- sol in poper

Zmešajte 1½ skodelice ohlajenega paradižnikovega soka in 2 ohlajeni pločevinki (po 12 oz) piva. Nalijemo v ohlajene kozarce. Takoj postrezite z zeleno čebulo za mešanje in po želji z omako iz rdeče paprike, soljo in poprom.

PIVO KOKTAJLI

62. Pivska margarita

Dobitek: 1 porcija

Sestavina

- 6 unča Lahko zamrznjena zgoščena limetina
- 6 unča tekile
- 6 unča piva

Sestavine zmešajte v blenderju, dodajte nekaj kock ledu in na kratko zmiksajte. Pustite, da se strdi nekaj minut.

Vsebino prelijte čez led v kozarcu s solnim robom.

63. Klasična Chelada

Sestavine

- 12 unč mehiškega lager piva
- 1 unča (2 žlici) limetinega soka
- 1 ščepec soli
- Led, za serviranje (poskusite s čistim ledom)
- Za rob: 1 žlica drobne morske soli in Old Bay

Navodila

Na krožniku zmešamo Old Bay in sol ter razporedimo v enakomerno plast. Zarežite rezino limete in nato z limeto potegnite po robu kozarca. Rob oboda pomočimo v krožnik soli.

V kozarec piva dodajte limetin sok in ščepec soli. Napolnite kozarec z ledom in nalijte pivo. Nežno premešamo in postrežemo.

64. Michelada

Sestavine

- 12 unč mehiškega lager piva
- 1 ½ unče (3 žlice) limetinega soka
- ½ unče (1 žlica) salsa soka
- 1 čajna žlička Worcestershire omake
- 1 čajna žlička vroče omake (kot Cholula)
- Led, za serviranje

Navodila

Na krožniku zmešajte Old Bay, čili v prahu in sol zelene ter razporedite v enakomerno plast. Zarežite rezino limete in nato z limeto potegnite po robu kozarca. Rob oboda pomočimo v krožnik z začimbami.

V kozarcu zmešajte limetin sok, sok salse (uporabite cedilo s fino mrežico, da iz nekaj žlic salse odcedite sok salse), worcestershire omako in pekočo omako.

Napolnite kozarec z ledom. Prelijemo s pivom in nežno premešamo.

65. Black Velvet Drink

Sestavine

- 3 unče penečega vina, kot je šampanjec ali Prosecco
- 3 unče močno pivo, kot Guinness

Navodila

Penino nalijte v flavto ali highball.

Prilijemo stout. Po želji premešajte z žlico ali pustite stati kakšno minuto, da se okusi prepojijo

Postrezite takoj.

66. Klasični Shandy

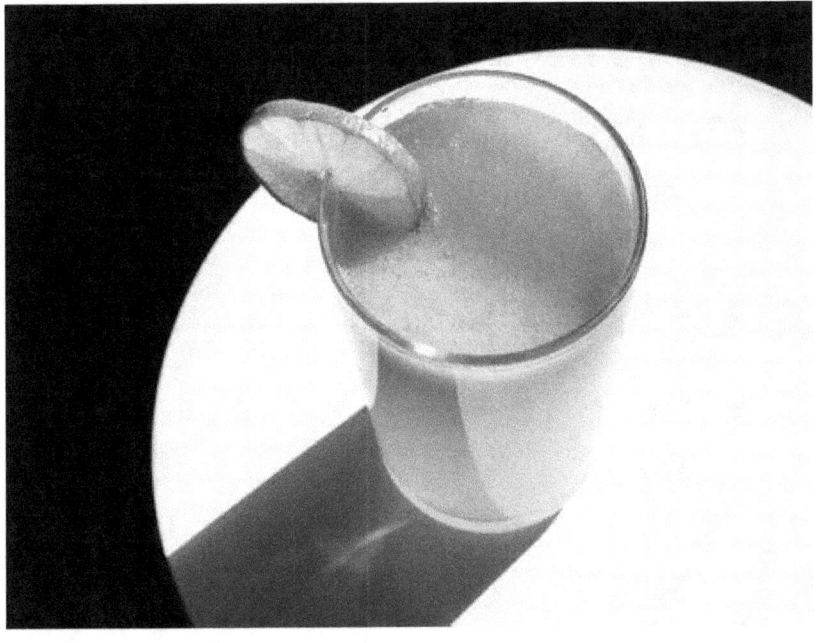

Sestavine

- 6 unč svetlega ale ali lager piva
- 6 unč ingverjevega piva, ingverjevega piva, sode z limono in limeto (Sprite) ali peneče limonade
- Za okras: rezina limone (neobvezno)
- Izbirno: 1 črtica grenčice doda kompleksen okus

Navodila

Dodajte pivo in mešalnik v kozarec in nežno premešajte, da se združita. Okrasite z rezino limone.

67. Grenivka Shandy

Sestavine

- 1 unča preprostega sirupa
- 3 unče grenivkinega soka
- 2 unči soda vode
- 6 unč craft pšeničnega piva (ali svetlega piva)
- Za okras: rezina grenivke (neobvezno)

Navodila

V kozarcu za pivo zmešajte preprost sirup in grenivkin sok.

Dodajte soda vodo in pivo ter nežno premešajte, da se združita. Okrasite z rezino grenivke in postrezite.

68. Jagodni kumarični špricer

Sestavine:

- 6 oz Stella Artois Spritzer
- 1 oz gin
- 0,5 oz bezgovega likerja
- 2 rezini kumare
- 2 jagodi

navodila:

V shakerju za koktajle temeljito premešajte rezine kumar in jagode. Dodajte gin, bezgov liker in pretresite nad ledom.

Precedimo v kozarec. Dodajte Stella Artois Spritzer.

Okrasite s trakom iz nabodanih kumar in rezino jagode.

69. Beergarita

Sestavine:

- 1 oz. Tekila
- 1 oz. Tattersall Grapefruit Crema
- 0,5 oz. Sok limete
- 6 oz. Svetlo pivo

navodila:

Zmešajte vse sestavine v kozarcu nad ledom. Okrasite z rezino limete.

Solni rob po želji

70. Bacardi limetin šot s pivom

Sestavine:

- 12 delov piva
- 1 del limete Bacardi

navodila:

V kozarec nalijemo pivo. V kozarec za žganje nalijte rum BACARDÍ z okusom limete in nato prelijte v pivo.

71. Fidelito

Sestavine:

- 12 oz. Črni model
- 1 ½ oz. Casa Noble Reposado Tequila
- ½ oz. PIMM'S THE ORIGINAL št. 1 skodelica
- 1 oz. sok limete
- 1 oz. vaniljev sirup
- 2 črti grenčice
- Metini listi

navodila:

Vse sestavine zmešajte v stresalniku z ledom, razen Modelo Negra in listov mete.

Pretresite in prelijte čez led. Vrh z Modelo Negra.

Preostalo pivo postrezite s koktajlom. Okrasite z metinimi listi.

72. Beermosa

Sestavine:

- 6 oz pšeničnega piva
- 2 oz Cava
- 2 oz sveže stisnjenega soka grenivke

navodila:

Zmešajte pivo in cava, dodajte sok grenivke in premešajte.

73. Sončni kotlar

Sestavine:

- 1 pločevinka svetlega piva
- 1,5 oz. burbona
- Peneča ledena limonina limeta
- Limona (okras)

navodila:

V pollitrski kozarec nalijte pivo pod kotom, da odstranite glavo. Dodajte 1,5 oz. burbona. Vrh s penečim ledom in limeto. Okrasite z rezino limone.

74. Cinco

Sestavine:

- 12 oz. Črni model
- 1 oz. reposado tekila, prepojena z jalapenom
- 1 oz. Čilski liker
- 1 oz. svež limetin sok
- ½ oz. agava
- Pikantna sol s čilijem
- Apneno kolo

navodila:

Highball kozarec obrobite s pikantno čilijevo soljo. V stresalnik dodajte tekilo, čilski liker, svežo limeto in agavo.

Pretresite in precedite čez svež led. Zalijemo s pivom. Preostanek Modelo Negra postrezite s koktajlom.

Okrasite s pikantnim čilijevim solnim robom in limetinim kolesom.

SLADICE

75. Pivo in kislo zelje

Dobitek: 10 obrokov

Sestavina

- ⅔ skodelice masla
- 1½ skodelice sladkorja
- 3 jajca
- 1 čajna žlička vanilije
- ½ skodelice kakava
- 2¼ skodelice presejane moke
- 1 čajna žlička pecilnega praška
- 1 čajna žlička sode
- 1 skodelica piva
- ⅔ skodelice kislega zelja
- 1 skodelica rozin
- 1 skodelica sesekljanih orehov

Vse zmešajte.

Obrnite se v dva 8 ali 9 palčna namazana in pomokana pekača za torte. Pečemo pri 350 35 minut. Po želji ohladite in zamrznite.

76. Pivski piškoti

Dobitek: 4 porcije

Sestavina

- 2 skodelici nebeljene moke
- 3 žličke pecilnega praška
- 1 čajna žlička soli
- ¼ skodelice masti
- ¾ skodelice piva

Pečico segrejte na 450 stopinj F. Suhe sestavine presejte skupaj. Narežite maso, dokler ne dobi konsistence koruzne moke.

Vmešajte pivo, rahlo pregnetite in razvaljajte na ½ palca debeline. Pečemo 10 - 12 minut ali do zlato rjave barve.

77. Začimbna pivska torta

Dobitek: 12 obrokov

Sestavina

- 3 skodelice moke
- 2 žlički sode bikarbone
- ½ čajne žličke soli
- 1 čajna žlička cimeta
- ½ čajne žličke pimenta
- ½ čajne žličke nageljnovih žbic
- 2 skodelici rjavega sladkorja, pakirano
- 2 jajci, pretepeni
- 1 skodelica masti
- 1 skodelica rozin ali sesekljanih datljev
- 1 skodelica sesekljanih pekanov/orehov
- 2 skodelici piva

Presejte skupaj suhe sestavine. Smetano skupaj z maslom in sladkorjem; dodajte jajca.

Sadje in oreščke zmešajte z 2 žlicama mešanice moke. Dodajte mešanico moke izmenično s pivom. Vmešajte sadje in oreščke.

Vlijemo v pomaščen in pomokan 10-palčni cevasti pekač in pečemo pri 350F 1 uro ali dokler testi torte niso končani.

78. Pivska sirova juha s pokovko

Dobitek: 7 obrokov

Sestavina

- ¼ skodelice Margarina
- 1 skodelica čebula; sesekljan
- ½ skodelice Zelena; sesekljan
- ½ skodelice korenček; sesekljan
- ¼ skodelice Svež peteršilj; sesekljan
- 2 stroka česna; mleto
- ¼ skodelice moke
- 3 žličke suhe gorčice
- Popramo po okusu
- 2 skodelici pol in pol
- 1 skodelica Piščančja juha
- 2½ skodelice ameriškega sira
- 12 unč Pivo
- 2 skodelici pokovke; počil

V veliki ponvi ali nizozemski pečici na srednjem ognju stopite margarino. Dodajte vse

Odkrito kuhamo na srednjem ognju 10-15 minut oziroma dokler se juha ne zgosti in dodobra segreje

79. Polnjena jabolka pečena v pivu

Dobitek: 6 obrokov

Sestavina

- 6 medijev Kuhanje jabolk
- ½ skodelice rozin
- ½ skodelice pakiranega rjavega sladkorja
- 1 čajna žlička cimeta
- 1 skodelica piva Great Western

Jedro jabolk

Odstranite 1-palčni trak lupine okoli vrha.

Zmešajte rozine, rjavi sladkor in cimet. Napolnite sredice jabolk

Jabolka položimo v pekač. Prelijte Great Western pivo.

Pečemo pri 350 stopinjah F 40 do 45 minut ali dokler se ne zmehčajo, občasno polivamo.

80. Cheddar & pivski sirov kolač

Dobitek: 16 obrokov

Sestavina

- 1¼ skodelice drobtin ingverjevega piškota
- 1 skodelica plus 2 žlici sladkorja, razdeljeno
- 1 čajna žlička mletega ingverja
- ¼ skodelice Nesoljeno maslo ali margarina,
- 24 unč Kremasti sir
- 1 skodelica Nariban oster sir Cheddar
- 5 velikih jajc, pri sobni temperaturi
- ¼ skodelice brezalkoholnega piva
- ¼ skodelice težke smetane

Zmešajte piškotne drobtine, 2 žlici sladkorja, ingver in maslo. Trdno pritisnite na dno pripravljene posode. Med pripravo nadeva ohladite.

B. Pojejte oba sira, dokler ni gladka. Dodamo sladkor, jajca, enega za drugim, stepamo, dokler se vsako ne poveže. Pri nizki hitrosti stepite pivo in smetano. Vlijemo v pripravljen pekač.

Pecite 1 uro in pol ali dokler se sredina ne strdi in vrh ne postane rahlo zlat, vendar ne porjavi.

81. Britansko sadno pivo

Dobitek: 1 porcija

Sestavina

- 3 ⅓ funtov Jantarni navadni slad
- 2 funta Jantarno pivo M&F
- 1 funt Crustal slad, zdrobljen
- 2 unči Severni pivovarski hmelj
- 1 unča hmelja Fuggles
- 4 funte Borovnice, maline oz
- 1 paket EDME ale kvasa
- 4 unče polnilnega sladkorja

Zdrobljena zrna dajte v vrečko iz muslina in položite v 1 gal hladne vode. Zavremo, odstranimo zrna.

Odstranite lonec z ognja in dodajte sirup in DME. Mešajte, dokler se ne raztopi. Ponovno segrejte lonec in dodajte 2 oz severnega pivskega hmelja. Pustite vreti 30-45 minut.

Zadnjih 5 minut vrenja dodajte hmelj figles.
Dodajte sadje v pivino, ko je vrenje končano.

Pustite pol ure in dodajte 4 l hladne vode.

82. Osnovni pivski kruh

Dobitek: 1 porcija

Sestavina

- 3 skodelice Moka
- 3¾ čajne žličke Pecilni prašek
- 2¼ čajne žličke Sol
- 1 pločevinka Pivo
- 1 žlica srček

Namastite pekač. V veliki skledi zmešajte moko, pecilni prašek, sol, pivo in med ter premešajte, dokler se dobro ne zmeša.

Pečemo v predhodno ogreti pečici na 350 F 45 minut. Vklopite rešetko in ohladite.

83. Sirni pivski mafini

Dobitek: 6 obrokov

Sestavina

- 1 skodelica Večnamenska moka
- $\frac{3}{4}$ skodelice Cheddar sir z nizko vsebnostjo maščob
- 4 čajne žličke sladkorja
- $1\frac{1}{4}$ čajne žličke pecilnega praška
- $\frac{1}{4}$ čajne žličke Soda bikarbona
- $\frac{1}{4}$ čajne žličke soli
- ⅔ skodelice Pivo
- 1 jajce , pretepeno

Pečico segrejte na 375 F

6 skodelic za mafine popršite s pršilom za kuhanje proti prijemanju.

Rahlo žlico moke v merilno skodelico; izravnati. V medeni skledi zmešajte moko, sir, sladkor, pecilni prašek, sodo bikarbono in sol; dobro premešaj. Dodajte pivo in jajce; mešajte, dokler se suhe sestavine ne navlažijo. Testo enakomerno razdelite v posodice za mafine, ki jih nabrizgate, tako da vsakega napolnite približno do ¾.

Pečemo pri 375 F 17 - 22 minut ali dokler ne postanejo zlato rjave barve in zobotrebec, zaboden v sredino, ne postane čist. Postrezite toplo ali pri sobni temperaturi.

84. Pivski kruh iz kopra

Dobitek: 12 obrokov

Sestavina

- 3 skodelice moke
- 1 žlica sladkorja
- 1½ žlice Pecilni prašek
- ¼ čajne žličke Sol
- 12 unč Pivo
- 3 žlice Svež koper

Pečico segrejte na 375 stopinj. Pekač namažite z maslom ali popršite z rastlinskim oljem. V skledo za mešanje presejemo moko, sladkor, pecilni prašek in sol. Primešamo pivo in koper. Testo postrgajte v pripravljen pekač za hlebce in pecite v sredini pečice 55 do 60 minut ali dokler vrh ne porjavi in nož, vstavljen v sredino, ne pride ven čist.

Pustite stati v pekaču 10 minut in nato ohladite na rešetki.

PRIGRIZKI

85. Pivski oreščki

Dobitek: 1 porcija

Sestavina

- 2 skodelici surovih arašidov (z lupino)
- 1 skodelica SLADKOR
- ½ skodelice VODA
- Nekaj kapljic RDEČE jedilne barve

Mešajte - kuhajte v težki ponvi na srednjem ognju, dokler voda ne izgine (približno 10-15 minut) razporedite po pekaču in pecite 1 uro pri 250 °C.

86. Ocvrti šparglji v pivskem testu

Dobitek: 1 porcija

Sestavina

- 1 do 2 funta špargljev
- 1 skodelica moke
- 1 pločevinka piva
- Sol in poper
- Česen v prahu
- Začinjena sol
- Italijanske začimbe po okusu
- Olivno olje

Zmešajte rože in začimbe. Dodamo pivo, da sestavine počasi prepražimo, dokler ne postanejo dovolj goste, da se oprimejo špargljev. Špargljenarežite na dva centimetrska kosa ali jih pustite cele.

Cvremo na dveh centimetrih oljčnega olja do zlato rjave barve in enkrat obrnemo

87. Pomarančni spritz piškoti

Dobitek: 1 porcija

Sestavina

- 2¼ skodelice moke
- 1 žlica pecilnega praška
- ¼ čajne žličke soli
- ¾ skodelice masla
- ½ skodelice sladkorja
- 1 jajce
- 2 žlički naribane pomarančne lupinice
- ½ čajne žličke mandljevega ekstrakta

Združite moko, pecilni prašek in sol; dati na stran.

Maslo in sladkor stepemo do rahlega in puhastega, stepemo jajce, pomarančno lupinico in mandljev ekstrakt

Dodajte suhe sestavine in stepajte, dokler se ne združijo.

Ne ohladite testa.

Testo zapakirajte v stiskalnico za piškote. Testo potisnite skozi stiskalnico na nenamaščen pekač. Po želji okrasite z barvnim sladkorjem ali bonboni.

Pečemo pri 400°C 6-8 minut. Odstranite na rešetke, da se ohladijo.

88. Pivske torte na žaru

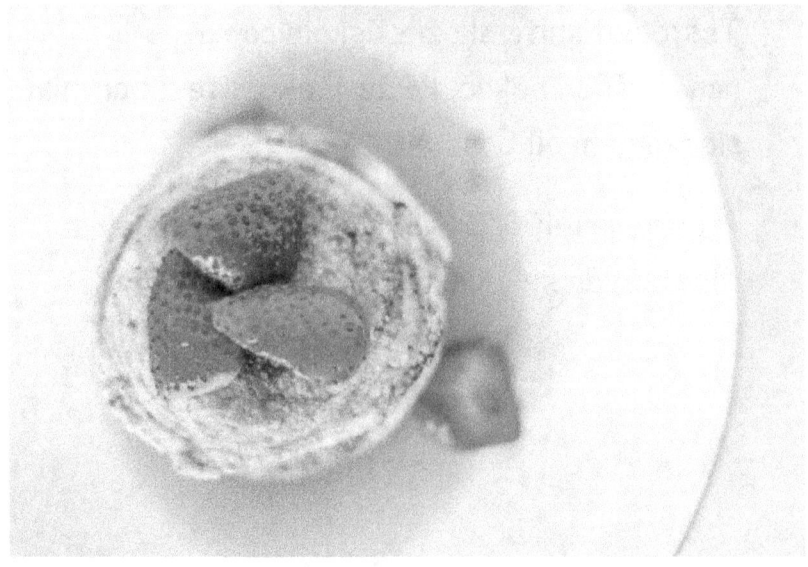

Dobitek: 4 porcije

Sestavina

- $1\frac{3}{4}$ skodelice večnamenske moke
- $1\frac{1}{2}$ čajne žličke pecilnega praška
- $\frac{1}{2}$ čajne žličke sode bikarbone
- $\frac{1}{2}$ čajne žličke soli
- 1 skodelica pakiranega rjavega sladkorja
- $\frac{1}{2}$ skodelice piva
- 1 jajce
- 3 žlice Olje
- 1 žlica melase
- 1 steklenica piva
- 1 žlica masla (neobvezno)

Zmešajte suhe sestavine. Jajca stepemo z oljem in melaso. Dodajte k suhim sestavinam skupaj s pivom.

Testo z žlico naložimo na vročo in zelo rahlo pomaščeno rešetko

S hrbtno stranjo žlice razmažite na premer od $3\frac{1}{2}$ do 4 palcev. Kuhajte, dokler ne porjavi, in enkrat obrnite.

Za sirup zmešajte sestavine v ponvi in kuhajte nekaj minut.

89. **Smoki v pivu in medu**

Dobitek: 6 obrokov

Sestavina

- 1 funt Miniaturne smokie povezave
- 12 unč piva
- ½ skodelice medu

Rjavi smokiji v ponvi, ki je dovolj velika, da sprejme vse sestavine

Smokie prelijemo s pivom in medom ter zavremo. Zmanjšajte toploto in pokrijte.

Dušimo 15 minut. Prenesite v servirno posodo in se umaknite s poti.

90. Čebulni obročki iz pivskega testa

Dobitek: 2 porciji

Sestavina

- 1 ⅓ skodelice večnamenske moke
- 1 čajna žlička soli
- ¼ čajne žličke popra
- 1 žlico olja
- 2 rumenjaka
- ¾ skodelice piva
- 2 velika bela čebula, narezana na 1/4-in debelo
- Olje za globoko cvrtje

Moko, sol, poper, olje in rumenjake zmešamo skupaj. Postopoma vmešajte pivo. Testo pred uporabo postavite v hladilnik za 3 ure in pol, da počiva.

Narežite čebulo in jo pomakajte v testo. Cvremo v olju 375F do zlato rjave barve. To testo se dobro obnese tudi na drugi zelenjavi poleg čebulnih obročkov – odlično pa je tudi na ribah.

OMAKE, NAMAZI IN ZAČIMBE

91. Pomaka iz sira in piva

Dobitek: 1 porcija

Sestavina

- 1 skodelica skuta; majhna skuta
- 3 unča kremnega sira
- 2¼ unč Vražja šunka
- ¼ skodelice piva; Novi Glarusov solsticij
- ½ čajne žličke Pekoča omaka
- 1 Dash Salt
- Peteršilj; za okras

Vse sestavine razen peteršilja dajte v posodo za mešanje in stepajte do gladkega. Položimo v skledo in okrasimo s peteršiljem

92. Testo za pivo Tempura

Dobitek: 1 porcija

Sestavina

- 1¼ skodelice moke
- 1 čajna žlička Sol
- 1 čajna žlička Drobno mlet črni poper
- ½ čajne žličke Cayenne
- 1 12 unč lager piva; hladno
- Rastlinsko olje za cvrtje; (360 stopinj F.)

Na hitro stepamo; ne pretiravajte z mešanjem! Pustite grudice in testo uporabite takoj.

93. Nemška omaka za žar

Dobitek: 12 obrokov

Sestavina

- 2 steklenici (14 oz) catsup
- 1 steklenica (12 oz) čilijeve omake
- ½ skodelice Pripravljena gorčica
- 1 čajna žlička Suha gorčica
- 1 čajna žlička Sol
- 1½ skodelice rjavega sladkorja; trdno zapakirano
- 2 žlici Črni poper
- 1 steklenica (5 oz) omake za zrezke
- ½ skodelice Worcestershire omaka
- 1 žlica sojine omake
- 1 steklenica (12 oz) piva
- 2 žlički mletega česna

Vse sestavine, razen česna, zmešamo v ponvi in dušimo 30 minut na zmernem ognju. Pred uporabo dodajte sesekljan česen.

Zadnjih 15 minut pečenja na žaru naribajte meso.

94. Osnovna krpa za pivo

Dobitek: 3 porcije

Sestavina

- 12 unč Pivo
- ½ skodelice Jabolčni kis
- ½ skodelice voda
- ¼ skodelice Repično olje
- ½ srednje Čebula , sesekljana
- 2 stroka česna , mleto
- 1 žlica Worcestershire omake
- 1 jušna žlica suhega drgnjenja

Združite vse sestavine v ponvi. Krpo segrejte in jo toplo uporabite.

95. Pivsko testo za ribe

Dobitek: 6 obrokov

Sestavina

- 1 skodelica Večnamenska moka
- ¾ čajne žličke Pecilni prašek
- ½ čajne žličke Sol
- ½ skodelice voda
- ½ skodelice piva
- po 1 jajce
- Rastlinsko olje za globoko cvrtje
- 2 funta Ribji fileji

Eden najboljših receptov za testo

V skledi zmešamo moko, pecilni prašek in sol. Na sredini naredite vodnjak; prilijemo vodo, pivo in jajce ter mešamo, da dobimo gladko testo. Pustimo stati 20 minut.

V veliki ponvi segrejte olje na 350 F

Ribje fileje pomakamo v testo in enega za drugim dodajamo v vroče olje. Kuhajte približno 5 minut, enkrat ali dvakrat obrnite, dokler niso zlate in hrustljave. Odstranite na krožnik, obložen s papirnato brisačo.

96. Pivski in edamski namaz

Dobitek: 3 skodelice

Sestavina

- 2 7-oz kroga edamskega sira
- 8 unč Kartonska mlečna kisla smetana
- ¼ skodelice Pivo
- 2 čajni žlički Narezan drobnjak
- Narezan drobnjak
- Različni krekerji

Sir segrejte na sobno temperaturo. Izrežite krog z vrha vsakega kroga sira, približno ½ palca od roba. Odstranite izrezan krog parafinskega premaza

Previdno izdolbite sir in pustite ½ palca sira nedotaknjenega, da nastane lupina

V posodo mešalnika ali skledo kuhinjskega robota dajte kislo smetano, pivo, drobnjak in sir. Pokrijte in obdelajte, dokler ni gladka, občasno ustavite stroj, da strga po straneh.

Sirno zmes z žlico vlijemo v lupine

Pokrijte in ohladite nekaj ur ali čez noč.

Po želji okrasite z drobnjakom. Postrezite s krekerji.

97. Pivski namaz s sirom in čilijem

Dobitek: 1 porcija

Sestavina

- 2 skodelici naribanega ostrega čedarja
- ¾ skodelice Pivo (ne temno)
- 2 skodelici naribanega Jarlsberga
- ½ skodelice Odcejen paradižnik iz pločevinke
- 2 žlici Večnamenska moka
- 1 steklenica vloženega jalapeno čilija, mletega
- 1 majhna čebula; mleto
- Tortilja čips kot priloga
- 1 žlica nesoljenega masla

V skledi stresite sire z moko in mešanico prihranite.

V veliki težki ponvi na zmerno nizkem ognju med mešanjem kuhajte čebulo na maslu, dokler se ne zmehča, dodajte pivo, paradižnik in jalapeño ter mešanico kuhajte 5 minut.

Prihranjeno sirno mešanico dodajte po $\frac{1}{2}$ skodelice mešanici piva, po vsakem dodajanju mešajte, dokler se siri ne stopijo, pomak postrezite s čipsom. Naredi $4\frac{1}{2}$ skodelice

98. Pivska ribja omaka

Dobitek: 1 porcija

Sestavina

- 1 skodelica Majoneza
- ¼ skodelice Catsup
- ¼ skodelice Pivo
- 1 žlica pripravljene gorčice
- 1 žlica limoninega soka
- 1 čajna žlička Pripravljen hren

Združite vse sestavine.

Ohladite in postrezite z ribami.

99. Pivska marinada za govedino

Dobitek: 8 obrokov

Sestavina

- 2 pločevinki piva (12 ali 10 oz pločevinki)
- 2 čajni žlički soli
- ½ skodelice olivnega olja
- 1 čajna žlička mletega kajenskega popra
- 1 žlica vinskega kisa
- 1 žlica pripravljenega hrena
- 1 čajna žlička Čebula v prahu
- 2 žlici Limonin sok
- 1 čajna žlička Česen v prahu

Vse sestavine zmešajte in uporabite kot marinado.

Nato uporabite kot omako za polivanje mesa med kuhanjem.

100. Mehiška pivska salsa

Dobitek: 4 porcije

Sestavina

- Po 4 Posušeni ancho čiliji
- 6 velikih zrelih paradižnikov
- ¾ skodelice narezane bele čebule
- po 4 stroke česna
- 1 žlica grobe soli
- ½ čajne žličke Črni poper
- ½ skodelice Mehiško pivo
- ½ skodelice Sesekljani listi cilantra

Pečico segrejte na 400 stopinj. Inčune namočite v vroči vodi, dokler se ne zmehčajo, približno 10 do 15 minut. Odcedite vodo in čili olupite s stebli. (Uporabite rokavice.) Paradižnike, čebulo, česen in čili položite v pekač in pecite v pečici 20 minut, dokler lupine paradižnikov ne poogenejo.

Odstranite in vse skupaj postavite v mešalnik ali kuhinjski robot ter na kratko premešajte, dokler ni pire, a še vedno krhek. Prelijemo v ponev in pustimo vreti. Primešamo sol, poper in pivo. Odstranite z ognja in dodajte cilantro. Postrežemo toplo. Naredi 4 skodelice

ZAKLJUČEK

Ko zapiramo strani "Kuharice o pivski infuziji", upamo, da ste uživali v čudovitem zlitju piva in kulinarike, ki jo ponuja ta knjiga. Infuzija piva ni samo dodajanje okusa; gre za odpiranje sveta kulinarične ustvarjalnosti, ki ne pozna meja. Vsak recept, ki ste ga raziskali, je bil dokaz vsestranskosti craft piva in njegove sposobnosti izboljšanja jedi na nepričakovane načine. Spodbujamo vas, da nadaljujete z eksperimentiranjem, združevanjem in dodajanjem svojih najljubših receptov izjemnim okusom piva. Ne glede na to, ali pripravljate poseben obrok za ljubljene ali preprosto uživate v mirnem trenutku v kuhinji, naj bodo vaše kulinarične dogodivščine vedno prepojene z duhom odkrivanja in okusom dobro pripravljenega zvarka. Na zdravje za vaše nadaljnje raziskovanje sveta kulinarike, prežete s pivom!